LA POÉSIE DU BARROIS

PAR

M. ANDRÉ THEURIET

CONFÉRENCE

FAITE AU

CERCLE BARISIEN DE LA LIGUE DE L'ENSEIGNEMENT

Prix : **25** centimes

BAR-LE-DUC

Imprimerie et Lithographie Comte-Jacquet, rue de la Rochelle, 51

1880

CONFÉRENCE

FAITE PAR

M. André THEURIET

AU

CERCLE BARISIEN DE LA LIGUE DE L'ENSEIGNEMENT

LA POÉSIE DU BARROIS

BAR-LE-DUC

IMPRIMERIE ET LITHOGRAPHIE COMTE-JACQUET
Rue de la Rochelle, 51

—

1880

LA

POÉSIE DU BARROIS

Mesdames, Messieurs,

Permettez-moi avant tout de remercier du fond du cœur mon excellent ami, Edmond Devolle, de la façon si affectueuse et beaucoup trop flatteuse dont il vient de m'introduire près de vous. Ce qu'il vous a dit m'a profondément touché, mais je dois avouer que ses paroles si cordiales doublent la difficulté de ma tâche ; car maintenant je crains bien que vous ne trouviez une trop grande disproportion entre les éloges de notre cher député et la causerie toute familière que j'ai préparée.

Je voudrais vous entretenir d'un sujet qui nous est cher à tous : — de la province que vous habitez, du pays où presque tous vous êtes nés et où vous avez été élevés. Quand j'ai témoigné à nos amis du Comité de la Ligue de l'enseignement mon désir de prendre la parole

ce soir, et que je leur ai esquissé le sujet de ma confé-
rence, ils ont bien voulu m'encourager à le traiter. Je
ferai mes efforts pour ne pas tromper leur bienveillance
et la vôtre, et pour que cette causerie ne vous ennuie
pas trop.

Ayant à parler devant des compatriotes, il m'a semblé
que ce que j'avais de mieux à faire, c'était de causer
avec eux de notre pays ; et comme on parle toujours
mieux des choses que l'on a pratiquées, je me propose
de faire une courte excursion sur le domaine de la
poésie, en vous entretenant des ressources poétiques de
notre pays du Barrois.

Quelqu'un, — un sceptique comme on en rencontre
partout, — me disait hier en critiquant le sujet choisi :
« La poésie du Barrois ?.. Notre pays est-il donc si poétique que cela ? » — Mais oui, mes chers compatriotes,
notre Barrois a sa poésie originale, son charme intime
et très-pénétrant. Et, s'il m'est permis de me citer moi-
même comme preuve à l'appui, parmi les livres que j'ai
écrits, ceux qui ont été le plus favorablement accueillis,
sont précisément ceux où j'ai cherché à reproduire la
physionomie de notre province. Aussi ai-je gardé une
profonde reconnaissance à ma ville de Bar, car si ma
prose et mes vers ont valu quelque chose, c'est à elle
que je le dois. Quand un de mes livres avait réussi près
du public, je me reportais en pensée vers notre province
et je lui disais mentalement : — Merci, c'est toi qui me
vaut cela ! — Aussi, est-ce pour moi non seulement un
plaisir, mais un devoir de gratitude de venir vous
parler de la poésie du Barrois. J'imite ces dévots
qui, après avoir obtenu ce qu'ils souhaitaient,
vont faire un pèlerinage et brûler un cierge au
saint de leur église. — Moi, je viens faire
hommage de mes vers aux bois et aux habitants de mon
pays d'enfance. — Vous le voyez, c'est presque un sujet
personnel que je vais traiter. Je serai obligé, dans le
cours de cette causerie, de vous parler de moi plus que
je ne le voudrais et de citer mes propres vers à l'appui

de mes observations. — Je sollicite donc de vous beaucoup de patience et beaucoup d'indulgence.

Il y a en France des provinces dont le nom seul éveille à l'esprit tout un ensemble de souvenirs poétiques, — ainsi la Bretagne avec ses landes mélancoliques, ses légendes, ses monuments et son océan houleux à l'horizon ; — la Provence parfumée, baignée à la fois par le soleil et la Méditerranée ; — la Touraine, où la Loire large et majestueuse reflète dans ses eaux des jardins et des châteaux princiers. — Il est d'autres provinces dont le nom sonne plus modestement, comme le Berry, la Bresse, le Morvan, comme notre Barrois, et qui, au premier aspect paraissent offrir plus d'aliments aux efforts de l'industriel ou de l'agriculteur qu'à l'imagination du poëte. Et pourtant ces pays ont aussi leur poésie, car la poésie éclot là où il y a de la terre et du ciel, là où l'on travaille, où l'on aime et où l'on souffre, c'est-à-dire partout. Partout, elle est répandue à l'état latent, comme l'eau sous le sol. Qu'un sondeur habile sache percer la couche d'argile, et soudain l'eau jaillit. De même, à l'appel du poëte la poésie apparaît ; elle prend la saveur et le parfum du terroir d'où elle est sortie, comme ces fleuves qui prennent la couleur du ciel sous lequel ils se sont formés, et du terrain sur lequel ils roulent.

Pour qui sait observer, chaque province a sa physionomie poétique distincte. Les principaux traits de la nôtre, ce sont les vignes et les bois. Je n oublierai jamais l'émotion dont je fus saisi lorsqu'après une longue absence je revins à Bar, j'eus tout à coup la révélation de cette poésie e notre pays. J'avais habité des provinces pitto et riches en merveilles artistiques, j'avais vu es sites des Pyrénées et des Alpes, mais quand, du sommet de notre Villehaute je vis au loin moutonner nos bois dans toute la fraîcheur de leur verdure printanière, alors passa en moi ce frisson ému qu'on ressent en revoyant de vieux amis. C'était la poésie du sol natal qui me remontait au cœur, comme la séve remonte en avril dans les grands hêtres de nos futaies, et je saluai de ces vers les forêts de mon pays :

> , Aux bois ! — Aux bois de mon pays
> Dont on voit les sombres lignes,
> Futaie épaisse ou clair taillis,
> Bleuir au-dessus des vignes ;
>
> Aux bois où travaillent campés
> Dans les gorges éloignées,
> Les bûcherons aux cœurs trempés
> Comme le fer des cognées ;
>
> Aux bois !.., Un vent de liberté
> Y souffle à travers les chênes ;
> L'âme y ravive sa fierté
> Blessée aux luttes humaines.
>
> Les frais sentiers de l'Idéal,
> C'est aux bois qu'on les retrouve,
> Près de la source où, matinal,
> Le ramier soupire et couve.
>
> La vie emplit les bois profonds :
> Fleurs, oiseaux, souffles d'air libre,
> Cœurs aimants, travailleurs féconds,
> Aux bois tout palpite et vibre.
>
> Aux bois émus, aux bois baignés
> De rosée et de lumière,
> J'offre mes vers tout imprégnés
> De la senteur forestière.

La forêt, en effet, est l'un des grands charmes de notre pays. Quand on se promène dans nos bois du Juré, de Savonnières ou de Massonges, on est tout étonné des motifs poétiques qu'on y rencontre à chaque pas. Nos fleurs, nos oiseaux, et surtout nos travailleurs de la forêt : — bûcherons, vanniers, charbonniers, — ont en eux une poésie inconsciente qui émeut fortement ceux qui savent l'observer. Ainsi, par exemple, quel charme n'y a-t-il pas dans ces fleurs de Pâques qui s'ouvrent avant que les arbres aient des feuilles et qui sont pour nous le premier sourire du printemps. Vous tous, vous avez dans votre enfance éprouvé le plaisir de courir en mars à travers nos friches et d'y cueillir ces branches de saule en fleurs que nous appelons des *Pâquottes*, et beaucoup d'entre vous, arrivés à l'âge mûr, ont, j'en suis certain, à l'aspect de ces premières fleurs de mars, senti refleurir aussi leurs impressions d'enfants. Ce sont ces impressions que j'ai essayé de rendre dans la pièce suivante :

Les champs ont reverdi. Salut, fleurs paysannes,
Que le soleil de mars répand dans les sentiers :
Narcisses, jolis-bois, chatons des noisetiers,
Tout découpés à jour comme des filigranes !

Je vous respire, et mon village est devant moi :
— Les cloches aux voix d'or chantent Pâque fleurie,
Les rameaux, agités par la foule qui prie,
Mettent un frisson vert dans l'église en émoi.

Je revois le pupitre où le chantre en lunettes
Rhythme les temps du psaume avec son nez vermeil,
Et les enfants de chœur, rouges, dans le soleil
Qui tombe d'un vitrail où jasent des fauvettes.

La petite Francine est assise à son banc,
Et dans mon paroissien neuf oubliant de lire,
Sur la pointe des pieds je me dresse et j'admire
Ses cheveux blonds noués par un bout de ruban.

Tandis que le curé bénit les branches vertes,
Je regarde l'enfant et les rameaux en fleur,
Et je me sens joyeux, rien qu'à voir dans le chœur
L'azur du ciel profond rire aux vitres ouvertes.

Jonchant l'autel ainsi qu'au temps des reposoirs,
Le saule mêle au buis son odeur amollie,
L'encens fume et Francine est encor plus jolie
Dans ce fin brouillard bleu qui sort des encensoirs.

Amour naïf, ta pure image s'illumine
Et me sourit au fond de la brume des ans,
Comme dans les vapeurs légères de l'encens
Me souriaient jadis les yeux clairs de Francine.

Et vous qui ramenez ce lointain souvenir,
Salut, ô fleurs de mars, blondes comme l'enfance,
Fleurs douces à cueillir quand la route commence,
Et douces à revoir quand elle va finir !

Et nos oiseaux ? — Ce n'est pas à vous, qui avez presque tous fait des *tendues*, que j'apprendrai combien nos oiseaux sont intéressants, et comme ils ont chacun une physionomie originale. Dès avril, un bruit d'ailes frémit dans nos forêts reverdies. Ce sont les oiseaux chanteurs qui reviennent avec les nids. — Gai ! Gai ! réjouissons-nous, dit le merle ; — Aimons-nous, chante le rossignol. — Les ramiers roucoulent sourdement. La fauvette recommence sans cesse sa brève et leste romance. Les pinsons, les linots, les rouges-gorges forment le chœur, et au milieu de cette symphonie de gazouillements, de roulades et de notes perlées, une voix mystérieuse et vibrante semble sortir des profondeurs de la forêt. C'est l'invisible coucou qui jette ses deux notes sonores et mélancoliques, comme pour nous rappeler les choses d'autrefois et la fuite trop rapide des heures de jeunesse. Le printemps s'envole, l'été arrive et voici le beau loriot jaune qui lance ses trois notes flûtées. Celui-là c'est un gourmand et un amateur de bigarreaux :

Il vient chez nous juste à l'heure précise
Où le fruit rouge est à point. Il se grise
Du suc juteux et parfumé des chairs ;
Son bec se mouille et son gros œil s'irise,
Sa joie éclate en sons flûtés et clairs :
Le loriot a senti la cerise.

Guigne sucrée ou griotte au goût sûr,
Il pille tout, trouvant tout à sa guise ;
Puis vers le soir, dans un doux clair-obscur,
Ragaillardi par cette chère exquise,
Il fait un doigt de cour à sa payse
Au bord du nid suspendu dans les airs.
Galanterie est sœur de gourmandise
Et l'amour est le meilleur des desserts.
Le loriot a senti la cerise.

Mais nos bois n'ont pas que des fleurs et des oiseaux,
ils renferment un élément poétique bien plus digne d'in-
térêt : c'est l'homme, l'homme qui vit de la forêt, qui y
travaille nuit et jour, n'ayant d'autre horizon que les
masses épaisses de la feuillée, d'autres amis que les
arbres. Celui-là, — charbonnier, bûcheron, sabotier ou
vannier, — a sa poésie aussi, poésie très-élevée et très-
poignante, parce que c'est celle du travail, parce que
c'est l'histoire de la lutte pour l'existence et du pain
gagné à la sueur du visage. Croyez moi, il se passe dans
les bois, au cœur de ces rudes ouvriers, des drames plus
attachants que ceux qui se jouent dans ces palais de rois,
où jadis les auteurs allaient choisir leurs sujets de tra-
gédies. L'ébrancheur suspendu au faîte vacillant de
l'arbre qu'il débite, le bûcheron qui risque d'être écrasé
par le chêne qu'il abat, sont tout aussi tragiques que le
roi qui risque sa couronne dans une bataille, où ne se
battent que ses sujets. Le vannier, courbé sur l'humble
ustensile qu'il tresse avec les osiers coupés dans le
ruisseau voisin, tresse pour ainsi dire les témoins de
tous les événements de notre vie humaine, depuis la
naissance jusqu'à la mort, et tandis que les brins
s'entrelacent sous ses doigts, il semble qu'il pourrait
chanter cette chanson :

Brins d'osier, brins d'osier,
Courbez-vous, assouplis sous les doigts du vannier,

Brins d'osier, vous serez le lit frêle où la mère
Berce un petit enfant aux sons d'un vieux couplet :
L'enfant, la lèvre encor toute blanche de lait,
S'endort en souriant dans sa couche légère.

Brins d'osier, brins d'osier,
Courbez-vous, assouplis sous les doigts du vannier.

Vous serez le panier plein de fraises vermeilles
Que les filles s'en vont cueillir dans les taillis.
Elles rentrent, le soir, rieuses, au logis,
Et l'odeur des fruits mûrs s'exhale des corbeilles.

Brins d'osier, brins d'osier,
Courbez-vous, assouplis sous les doigts du vannier.

Vous serez le grand van où la fermière alerte
Fait bondir le froment qu'ont battu les fléaux,
Tandis qu'à ses côtés des bandes de moineaux
Se disputent les grains dont la terre est couverte.

Brins d'osier, brins d'osier,
Courbez-vous, assouplis sous les doigts du vannier.

Lorsque s'empourpreront les vignes à l'automne,
Lorsque les vendangeurs descendront des coteaux,
Brins d'osier, vous lierez les cercles des tonneaux
Où le vin doux rougit les douves et bouillonne.

Brins d'osier, brins d'osier,
Courbez-vous, assouplis sous les doigts du vannier.

Brins d'osier, vous serez la cage où l'oiseau chante,
Et la nasse perfide au milieu des roseaux
Où la truite qui monte et file entre deux eaux
S'enfonce, et tout à coup se débat frémissante.

Brins d'osier, brins d'osier,
Courbez-vous, assouplis sous les doigts du vannier.

Et vous serez aussi, brins d'osier, l'humble claie
Où, quand le vieux vannier tombe et meurt, on l'étend,
Tout prêt pour le cercueil. — Son convoi se répand,
Le soir, dans les sentiers où verdit l'oseraie.

> Brins d'osier, brins d'osier,
> Courbez-vous, assouplis sous les doigts du vannier.

Et nos fermes perdues au fond des bois, enfoncées
dans la solitude, comme jadis les demeures des ermites :
nos fermes isolées où les voix de la civilisation arrivent
à peine, combien elles sont poétiques aussi dans leur
paix silencieuse :

> Dans une combe où l'herbe pousse
>   Drue, à l'abri des grands bois,
> La ferme repose et la mousse
>   Verdit le chaume des toits.
> Entre elle et la ville, deux lieues
>   De sombres taillis épais
> Et de landes aux teintes bleues
>   Font le silence et la paix.

> Humble est la ferme, humbles les hôtes :
>   Le vieux grand-père d'abord
> Aux épaules larges et hautes,
>   Aux bras solides encor ;
> Puis, mariés de l'autre année,
>   La fermière et le fermier ;
> Puis le roi de la maisonnée,
>   L'enfant dans son nid d'osier.

> Depuis un siècle, leur famille
>   Dans cet enclos isolé
> Tient la charrue et la faucille,
>   Sème et moissonne le blé ;
> Le grand lit à colonnes torses
>   Sert depuis bientôt cent ans,
> Et le même berceau d'écorces
>   A bercé tous les enfants.

La ferme est heureuse : pour elle,
  Avril chante, mai fleurit ;
Pour elle, la fraise nouvelle
  En juin dans l'herbe mûrit ;
Le verger pour elle en automne
  Répand ses fruits à foison,
Et l'enfant robuste lui donne
  La joie en toute saison.

Parfois auprès du seuil tranquille
  Un passant qui vient s'asseoir,
Apporte un récit de la ville
  Que l'on commente le soir ;
Mais l'histoire, à travers la lande,
  Prend de tels airs merveilleux,
Qu'elle ressemble à la légende
  D'un pays mystérieux.

Ainsi dans cet étroit domaine
  Les jours s'enchaînent aux jours,
Amenant chacun même peine,
  Même effort, mêmes amours.
Le fermier et sa ménagère,
  Cœurs naïfs, bras vigoureux,
Battent le blé, bêchent la terre...
  L'enfant grandit auprès d'eux.

Comme eux, il saura dans la ferme
  Brandir le fléau ; comme eux,
Labourer, et d'une main ferme
  Guider deux paires de bœufs.
Quand sur sa lèvre souriante
  Un fin duvet blondira,
Dans son cœur une verte plante,
  L'amour, s'épanouira.

Puis, à la bourgade prochaine,
  Il prendra femme à son tour...
A moins qu'un sergent ne l'emmène
  Aux roulements du tambour,
A moins qu'une royale guerre
  Ne l'arrache à son enclos
Et ne le jette à la frontière,
  Giberne aux flancs, sac au dos...

Quittons maintenant la forêt et redescendons vers la ville, vers notre vieille ville barroise, qui, bien que Louis XIV l'ait décapitée de ses tours, garde encore une physionomie si pittoresque et si originale, avec sa ville haute coupée de jardins en terrasse, et sa tour de l'Horloge coiffée d'un toit pointu. Là aussi nous retrouverons la poésie locale. Elle existe partout: dans ces vieux logis noircis de la ville-haute qui nous parlent de la vie des siècles passés, dans le son d'or de nos cloches qui nous rappellent les saisons de l'enfance.

> Les saisons d'autrefois, sous le toit familier
> Où grimpent des jasmins et des aristoloches,
> Quand on est réveillé dans son lit d'écolier
> Par les voix sonores des cloches.

Elle est dans les toits bruns de l'ancien collège où beaucoup d'entre nous ont pâli sur des pensums et rêvé d'école buissonnière ; elle est jusque dans les détails en apparence les plus prosaïques, du ménage et de la cuisine. — Nos fameuses confitures, qui maintenant sont goûtées dans les deux mondes, n'ont-elles pas le droit d'être chantées ? Un poète écossais, et des plus illustres, Robert Burns, a bien célébré en vers le hachis de son pays, et franchement nos groseilles sont plus poétiques. Permettez-moi donc de m'arrêter un moment à ce produit local et de lui consacrer quelques strophes :

> A la Saint-Jean d'été les groseilles sont mûres.
> Dans le jardin vêtu de ses plus beaux habits,
> Près des grands lys, on voit pendre sous les ramures
> Leurs grappes couleur d'ambre ou couleur de rubis.

> Voici l'heure. Déjà dans l'ombreuse cuisine
> Les pains de sucre blanc, coiffés de papier bleu,
> Garnissent le dressoir où la rouge bassine
> Reflète les lueurs du réchaud tout en feu.

On apporte les fruits à pleines panerées
Et leur parfum discret embaume le palier ;
Les ciseaux sont à l'œuvre et les grappes lustrées
Tombent comme les grains défilés d'un collier.

Doigts d'enfants, séparez, sans meurtrir la groseille,
Les pépins de la pulpe entr'ouverte à demi !
La douce ménagère, attentive, surveille
Ce travail délicat d'abeille ou de fourmi...

Vous êtes son chef-d'œuvre, exquises confitures,
Dès que l'été fleurit les liserons du seuil,
Après les longs travaux : lessives et coutures,
Vous êtes son plaisir, son luxe et son orgueil.

Que le monde ait la fièvre et que sa turbulence
S'apaise ou gronde au loin, la tranquille maison
Toujours à la Saint-Jean voit les plats de faïence
Se remplir de fruits mûrs et prêts pour la cuisson.

Le sirop frémit et bout. L'air se parfume
D'une odeur framboisée... Enfants, spatule en main,
Enlevez doucement la savoureuse écume
Qui perle et mousse autour des bassines d'airain.

Voici l'œuvre achevée. La douce ménagère
Contemple fièrement les pots de fin cristal,
Où la groseille brille aussi fraîche et légère
Que lorsqu'elle pendait au groseiller natal.

Ses grappes maintenant bravent l'hiver... Comme elles,
La ménagère échappe aux menaces du temps ;
La paix du cœur se lit dans ses calmes prunelles,
Et son front se conserve aussi pur qu'à vingt ans.

Et notre galette lorraine ? Celle-là aussi a droit de cité dans la poésie et je m'en voudrais de ne pas avoir chanté une pâtisserie aussi appétissante et aussi nationale. J'ai souvent fait venir l'eau à la bouche des Parisiens en leur vantant cette délicieuse galette, et j'ai composé en son honneur ces couplets que je vous demande la permission de vous faire connaître, au risque d'abuser de votre patience :

Le feu flambe au four, un feu clair
  De ramille et de brande,
Et le pain chaud embaume l'air
  De son odeur friande.
Payse, prends sur le buffet
  Le grand plateau de frêne,
Et montre aux enfants comme on fait
  La galette lorraine.

D'avance tout est préparé
  Dans la huche entr'ouverte :
Fleur de froment, beurre paré
  D'un lit de vigne verte,
OEufs frais pondus de ce matin,
  Et crème virginale,
Sentant le fenouil et le thym
  De la friche natale.

La payse d'un doigt léger
  Pétrit la pâte fine ;
Tout autour d'elle on voit neiger
  De la fleur de farine.
Les marmots au regard charmant,
  Couleur de violette,
Parmi ce neigeux poudroiement
  Contemplent la galette.

N'épargne pas le beurre ! Encor,
  Payse, à pleine tranche !
Bats les œufs jaunes comme l'or
  Avec la crème blanche ;
Puis, lentement, avec amour,
  Répands-les sur la pâte....
C'est parfait ! Maintenant, au four,
  Au four, et qu'on se hâte !

Toute chaude sur le bahut,
  Savoureuse, alléchante,
Voici la galette... Salut,
  Toi qu'on aime et qu'on chante
Du pays Messin au Barrois,
  Des Vosges à l'Argonne,
Partout où le mâle patois
  Des fiers Lorrains résonne !

Qu'on nous apporte un vin du crû
A sève pétillante,
Et trinquons ferme, arrosons dru
La galette bouillante.
Buvons au vaillant souvenir
De sa vieille marraine,
A l'espérance, à l'avenir,
A la libre Lorraine !

Messieurs, si même avec notre galette on peut toucher à la poésie patriotique, quelles ressources un poëte ne peut-il pas tirer de nos vignes qui revêtent comme d'un manteau les rondes épaules des collines de notre vallée. Une des originalités de notre ville, c'est qu'à l'extrémité de presque toutes ses rues, on aperçoit, encadré entre les profils des maisons, un pan de ce manteau verdoyant. Les vignes sont partout. Là-bas, derrière le clocher de Notre-Dame, c'est le *Cugnot*, la bonne encoignure où le pineau mûrit au plein soleil du midi ; de l'autre côté, au-dessus des toits moussus de notre ancien collége, c'est Corottes et l'Hormicey, dont les crûs étaient fort appréciés par nos anciens seigneurs et maîtres, les ducs de Bar. Au mois de juin, quand toutes ces vignes sont en fleur, une odeur exquise s'exhale des versants couverts de pampres. C'est une senteur à la fois virginale et pénétrante. Tandis qu'elle se répand dans la vallée, le vin vieux au fond des caveaux se réveille et fermente ; comme le vin vieux, les vieillards se ragaillardissent en respirant cette odeur et en songeant à leurs jeunes années. Les jeunes gens aussi sont tout remués par ces effluves qui flottent dans l'air et qui les grisent comme un philtre amoureux. Dans leur cœur troublé, un désir inconnu jusque-là fermente, et ils entendent leurs vingt ans chanter confusément en eux la délicieuse chanson du premier amour.

En septembre, le raisin mûrit et nos coteaux se diaprent des plus riches couleurs. Ce n'est plus un manteau vert qui les recouvre mais une magnifique draperie orientale, où le rouge, le jaune, le vert mordoré se fondent harmonieusement. Le raisin est mûr et voici les vendangeuses qui arrivent des villages avec leur charpagne sous le bras. Les *bélons* courent sur les routes avec leur charge de grappes, et dans nos fouleries le vin doux jaillit de la cuve. Notre vin n'a pas la réputation tapageuse du Champagne son voisin ; il ne voyage pas au loin comme le Bourgogne et le Bordeaux ; non, il est d'humeur plus casanière, mais il n'en a pas moins son prix. Sa claire couleur rose réjouit les yeux, et sa chaleur délicatement parfumée réjouit le cœur. Il a, comme un autre, ses titres de noblesse et sa légende. On raconte qu'au Concile de Trente, un prélat lorrain fit goûter quelques bouteilles de vin de Bar à ses collègues, et les doctes pères du Concile, illuminés — par les lumières du Saint-Esprit, — déclarèrent solennellement que le vin de Bar était une liqueur digne d'être servie à la table des dieux.

Mais le vin une fois dans les tonneaux, tout n'est pas fini. Voici venir nos verriers de l'Argonne qui, dans leurs ouvreaux allumés nuit et jour, soufflent les bouteilles qui doivent enfermer le vieux pineau couleur de pelure d'oignon. Et rien n'est plus pittoresque que l'aspect de ces verreries des Islettes, des Senades ou de Fains, qui jettent la nuit leur clarté rouge dans la forêt. Cette manipulation de la bouteille paraissait une œuvre si digne d'encouragement que les rois de l'ancien régime délivraient des titres de noblesse aux ouvriers verriers. Si le temps des parchemins est passé, du moins nous pouvons encore célébrer le travail des souffleurs de verre et chanter la bouteille :

> Versez du charbon nuit et jour,
> A plein tas, enfants !... Plus encor !
> Que la fonte, aux bouches du four,
> Soit rouge comme un ciel d'aurore ;
> Charbon, fougère et sable fin,
> La forêt donne tout pour faire
> Ce clair et frêle abri du vin :
> Le verre.

Comme au souffle pur d'un cr.iant
S'enfle une bulle diaphane,
La bouteille se gonfle au vent
Du verrier soufflant dans sa canne ;
Elle sort du moule pesant,
Toute molle encore et vermeille.
Salut ! cours le monde, à présent,
    Bouteille !

Froids bordeaux, bourgogne fumeux,
A la couleur pourprée ou blonde,
Quels vins ignorés ou fameux
Chanteront dans ta panse ronde ?
Quand un buveur décoiffera
Ta cire vierge, un jour de fête,
Quelle ivresse ensoleillera
    Sa tête !

Quel gîte auras-tu ? quel destin
T'attend sur ta route douteuse ?
Panier d'argent, comptoir d'étain,
Nappe blanche ou table boiteuse ?..
Chez les bourgeois ou chez les gueux,
Quelque part où le ciel t'envoie,
Mets tous les cœurs et tous les yeux
    En joie.

Mais bien plutôt reste avec nous,
Bouteille du pays d'Argonne !
Qu'on te remplisse du vin doux
Chauffé par nos soleils d'automne,
Et qu'en octobre, assis au frais,
Un robuste coupeur de chênes
Te vide en l'honneur des forêts
    Lorraines.

Vous le voyez, notre pays a tout comme un autre sa
poésie, un peu grise parfois, un peu voilée, mais variée
et très-intéressante. Et je n'ai pas tout dit, je ne voudrais pas finir sans vous parler de notre patois si énergique dans sa rudesse, et si original, si plein d'expres-
sions savoureuses et imagées. Il me semble qu'on le

parle moins qu'au temps où j'étais enfant, et je le regrette. Loin de le proscrire, il faudrait le recueillir
comme un des plus précieux monuments de notre vie
provinciale. Quand, par un hasard trop peu fréquent, je
l'entends à Paris résonner sur les lèvres d'un cocher
venu d'Erize, ou d'un cordonnier ambulant, il me semble
qu'une flambée du soleil lorrain dissipe tout à coup la
brume parisienne :

Je revois ce terroir, notre berceau commun,
Où des impressions profondes et pareilles,
Eblouissant nos yeux et charmant nos oreilles,
Ont laissé dans nos cœurs un agreste parfum :

Les friches aux gazons semés de marjolaines,
Les villages bordés de noyers, le routoir
Plein de chanvre, les bois où l'on entend le soir
Les appels familiers des chercheuses de faînes ;

Les quoichiers noirs de fruits, les vignes des coteaux,
Bourdonnantes d'un vol de grives et d'insectes,
Où s'interpellent dans leurs rudes dialectes
Les vendangeurs hâlés qui grimpent hotte au dos...

Patois de mon pays, ta musique ne vibre
Ni ne chante à l'égal des langues du Midi ;
Ton idiome est sourd, mais robuste et hardi ;
C'est le mâle parler d'un cœur vaillant et libre.

Je voudrais que dans nos écoles on laissât le patois
vivre concurremment avec la langue française. Le français c'est la langue nationale, la langue de la civilisation et du progrès, mais le patois c'est le lien qui nous
rattache au sol provincial d'où nous sommes sortis et
qui nous fait en quelque sorte remonter à nos vieilles
origines. Le français est l'arbre verdoyant et touffu, le
patois est la racine profondément enfoncée dans le terroir natal. Je regrette de voir le patois tomber en dé-
suétude, comme je regrette de voir le paysan abandon-
ner le village pour la ville. Le paysan, en effet, fait la
force d'une nation, parce qu'il est le grand producteur,
le grand nourricier de l'Etat. Tout pays qui a des

paysans et des forêts est un pays riche d'avenir. Chez nous, surtout, dans notre société républicaine, le paysan, cultivateur d'un sol qu'il possède librement, est la solide base d'un gouvernement démocratique. Comme le Brennus de notre vieille Gaule, jetant son épée dans la balance romaine, il jette son hoyau dans la balance du suffrage universel et la fait pencher du côté de la République.

Et ce que je dis du paysan français en général, je puis le dire surtout de notre paysan lorrain. Intelligent, laborieux, économe, doué d'une volonté énergique, à la fois prudent et hardi, fin et honnête, depuis 1780 il a donné au pays une véritable légion d'hommes remarquables. Hommes d'épée ou jurisconsultes, agriculteurs, professeurs, médecins, artistes, combien de personnalités éminentes sont sorties des campagnes de notre Meuse? Ai-je besoin de vous citer des noms? Vous les connaissez tous mieux que moi ; je ne nommerai ici que le dernier venu, mon jeune compatriote et ami, le peintre Bastien-Lepage. Tous ou presque tous avaient du sang de paysan dans les veines ; tous devaient leur ténacité, leur intelligence et leur énergie à l'air des champs qu'avaient respiré leurs pères, à ce terroir meusien qu'avaient remué les générations de laboureurs d'où ils sortaient.

C'est pourquoi je voudrais que le paysan, ce grand producteur d'hommes et de choses, ce laborieux artisan des richesses agricoles de la patrie, n'abandonnât jamais complétement cette terre natale où il puise sa vitalité, son originalité et sa force. Je voudrais qu'il y revînt toujours comme le lièvre au gîte. Et c'est avec cette préoccupation que j'ai écrit dernièrement cette poésie que je vous demande encore la permission de vous lire, avant de prendre congé de vous :

> Le village s'éveille à la corne du pâtre,
> Les bêtes et les gens sortent de leur logis ;
> On les voit cheminer sous le brouillard bleuâtre,
> Dans le frisson mouillé des alisiers rougis.

Par les sentiers pierreux et les branches froissées,
Coupeurs de bois, faucheurs de foin, semeurs de blé,
Ruminant lourdement de confuses pensées,
Marchent, le front courbé sur leur poitrail hâlé.

La besogne des champs est rude et solitaire :
De la blancheur de l'aube à l'obscure lueur
Du soir tombant, il faut se battre avec la terre
Et laisser sur chaque herbe un peu de sa sueur.

Paysans, race antique à la glèbe asservie,
Le soleil cuit vos reins, le froid tord vos genoux ;
Pourtant si l'on pouvait recommencer sa vie,
Frères, je voudrais naître et grandir parmi vous !

Pétri de votre sang, nourri dans un village,
Respirant des odeurs d'étable et de fenil,
Et courant en plein air comme un poulain sauvage
Qui se vautre et bondit dans les pousses d'avril,

J'aurais en moi peut-être alors assez de sève,
Assez de flamme au cœur et d'énergie au corps
Pour chanter dignement le monde qui s'élève
Et dont vous serez, vous, les maîtres durs et forts.

Car votre règne arrive, ô paysans de France ;
Le penseur voit monter vos flots lointains encor,
Comme on voit s'éveiller dans une pleine immense
L'ondulation calme et lente des blés d'or.

L'avenir est à vous, car vous vivez sans cesse
Accouplés à la terre, et sur son large sein
Vous buvez à longs traits la force et la jeunesse
Dans un embrassement laborieux et sain.

Le vieux monde se meurt. Dans les plus nobles veines
Le sang bleu des aïeux, appauvri, s'est figé,
Et le prestige ancien des races souveraines
Comme un soleil mourant dans l'ombre s'est plongé ;

Mais vous croissez... L'effroi de nombreuses lignées
N'arrête point l'essor de vos mâles amours ;
Pour de nouveaux enfants vos femmes résignées
Voient s'arrondir sans peur leur robustes contours.

L'avenir est à vous !... Nos écoles sont pleines
De fils de vignerons et de fils de fermiers';
Trempés dans l'air des bois et les eaux des fontaines,
Ils sont partout en nombre et partout les premiers.

Salut ! Vous arrivez, nous partons. Vos fenêtres
S'ouvrent sur le plein jour, les nôtres sur la nuit...
Ne nous imitez pas, quand vous serez nos maîtres,
Demeurez dans vos champs où le grand soleil luit...

Ne reniez jamais vos humbles origines,
Soyez comme le chêne au tronc noueux et dur :
Dans la terre enfoncez vaillamment vos racines,
Tandis que vos rameaux verdissent dans l'azur.

Car la terre qui fait mûrir les moissons blondes
Et dans les pampres verts monter l'âme du vin,
La terre est la nourrice aux mamelles fécondes ;
Celui-là seul est fort qui boit son lait divin.

Pour avoir dédaigné ses rudes embrassades,
Nous n'avons plus aux mains qu'un lambeau de pouvoir ;
Et, pareils désormais à des enfants malades,
Ayant peur d'obéir et n'osant plus vouloir,

Nous attendons, tremblants et la mine effarée,
L'heure où vous tous, bouviers, laboureurs, vignerons,
Vous épandrez partout comme un ras de marée
Vos flots victorieux où nous disparaîtrons.

Bar-le-Duc. — Imp. et Lith. Comte-Jacquet